Dieses Büchlein
gehört:

....

....

Bibliografische Information der Deutschen Bibliothek

Die Deutsche Bibliothek verzeichnet diese Publikation in der deutschen Nationalbibliografie.
Detaillierte bibliografische Daten sind im Internet über http://www.dnb.de abrufbar.

EIN BUCH DER EDITION MICHAEL FISCHER

2. Auflage 2016

Projektmanagement: Saskia Wedhorn
Cover und Satz: Lisa Heine

Printed in Italy

ISBN: 978-3-86355-526-9

www.emf-verlag.de

inspiration

HAPPY ETHNO

FARBE REIN STRESS RAUS

50 exotische und orientalische Muster kolorieren

EMF

EIN BUCH DER
EDITION MICHAEL FISCHER

Mit Ausmalbildern das Fernweh stillen

Fühlen Sie sich auch manchmal von der Welt, die Sie umgibt, irgendwie erdrückt und eingeengt? Wünschen Sie sich gelegentlich, den Alltag einfach hinter sich zu lassen und für ein paar Minuten an einen anderen Teil der Erde zu entfliehen? In solchen Situationen gibt es nichts Besseres, als sich eine kurze Mal- und Zeichenauszeit zu gönnen. Denn das Kolorieren abstrakter oder figurativer Formen hat eine beruhigende Wirkung auf Ihr Gehirn. Sie können die Welt um sich herum komplett ausblenden und sich in Ihren Gedanken an den Ort befördern, nach dem Sie sich sehnen.

In diesem Ausmalbuch finden Sie etwa 50 Motive, die Sie für einige Minuten aus dem Alltag herausholen und in ferne Länder entfliehen lassen. Ornamente und Muster vieler verschiedener Völkerstämme laden Sie ein, sich dem minutiösen Ausmalen hinzugeben und nach und nach zu

entspannen. Wählen Sie das Motiv zufällig und instinktiv aus und legen Sie los. Es gibt keine Regeln! Egal, ob Filz- oder Buntstift: Lassen Sie sich treiben von den Farben, die sich Ihnen bieten. Allmählich werden Sie ruhiger und denken nur noch an die Bewegung Ihrer Hand und an die Farben, mit denen Sie die Konturen ausmalen. Konzentrieren Sie sich auf kleinste Details.
Trennen Sie schließlich das fertige Bild (oder auch mehrere), das Sie am meisten inspiriert, aus dem Heft heraus. Ziehen Sie sich zurück, betrachten Sie es und lassen Sie dabei Ihren Gedanken freien Lauf – so fördern Sie Konzentration und Meditation.

5-10 Minuten Ausmalen pro Tag genügen, um zu entspannen und wieder zur Ruhe zu kommen!

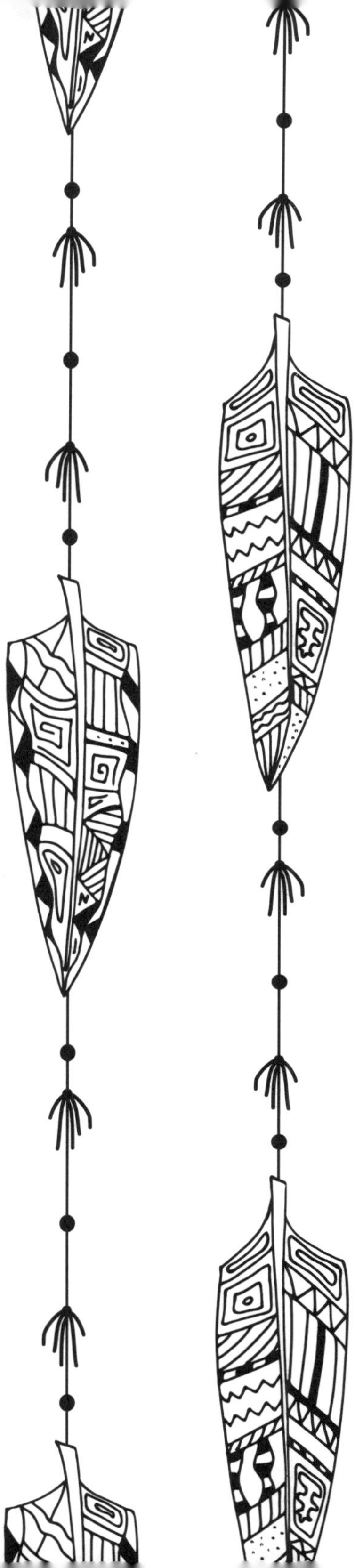

Ruhe aus; ein Feld, das geruht hat, trägt herrlich Ernte.
– Ovid

Ergänzen Sie nach Belieben eigene Muster.

Entdecken Sie die Strukturen des Bildes und gewinnen Sie einen klaren Blick – vielleicht auch auf den Alltag.

Lassen Sie sich von Ihrer Inspiration leiten und vervollständigen Sie das Muster mit eigenen Formen.

Die gleiche Farbe kann auf unterschiedlich großen Flächen eine gänzlich andere Wirkung erzielen. Probieren Sie es bei diesen Motiven einmal aus.

Achten Sie beim Gestalten der Seite auf kleinste Details und schalten Sie dabei vom Alltag ab.

Lassen Sie Ihrer Fantasie freien Lauf und vervollständigen Sie das Herz mit eigenen Ornamenten.

Ruhezeiten sind wichtig. Für Wildtiere sind sie sogar überlebensnotwendig.

Entscheiden Sie mit der Wahl Ihrer Farben über die Wirkung des Bildes. Strahlt es Ruhe oder Kraft aus?

Jedes noch so kleine Detail kann im Großen
und Ganzen eine Veränderung bewirken.

Die schönste Harmonie entsteht durch
Zusammenbringen der Gegensätze.
– Heraklit

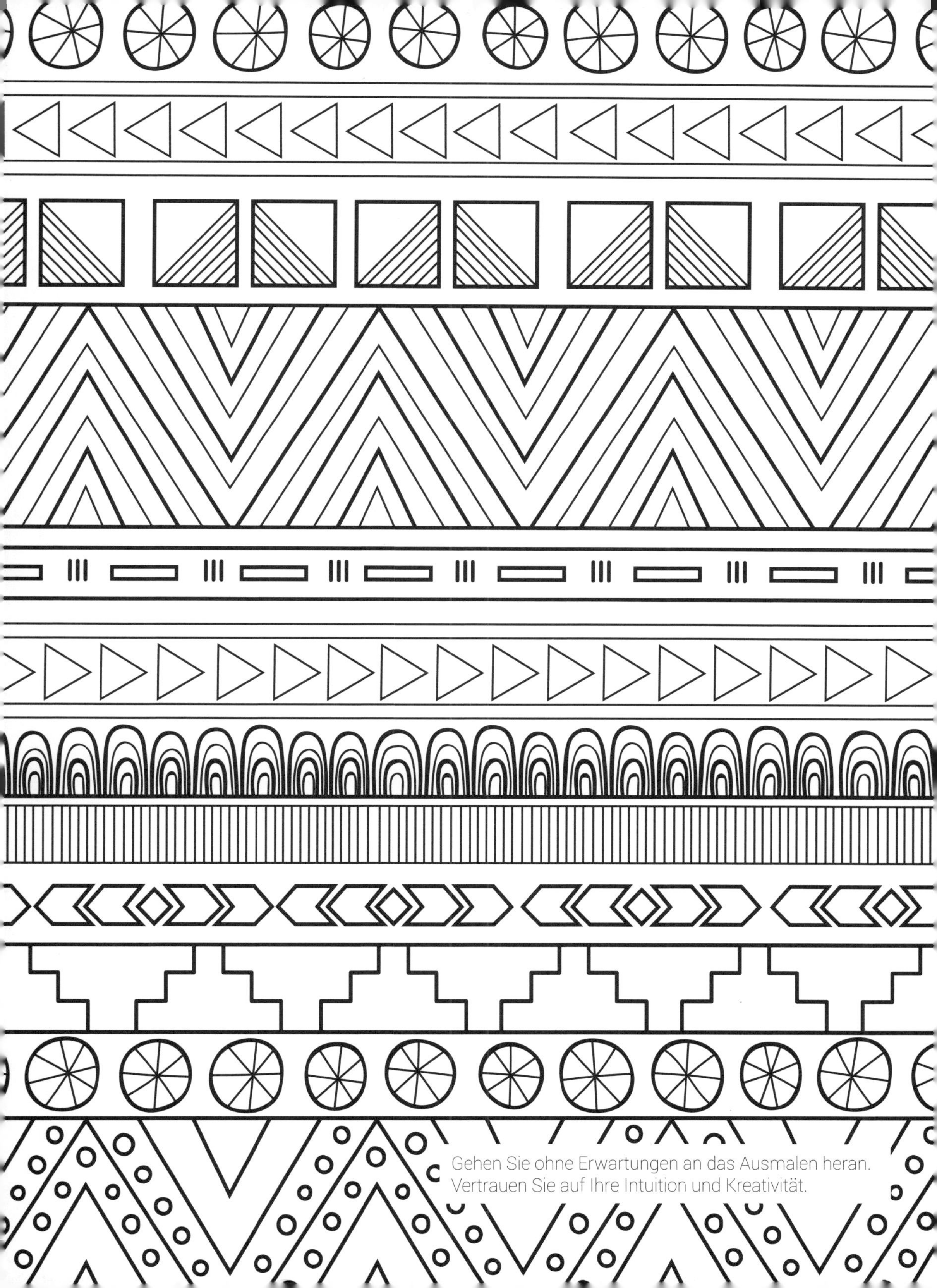

Gehen Sie ohne Erwartungen an das Ausmalen heran.
Vertrauen Sie auf Ihre Intuition und Kreativität.

Es kommt nicht darauf an, dass Sie Ihr Bild möglichst schnell ausmalen, sondern auf die Ruhe und den Genuss, die Sie aus der Beschäftigung damit ziehen.

Die Betrachtung der Strukturen des Bildes
bringt auch Ordnung in Ihre Gedanken.

Füllen Sie die Ornamente mit einem eigenen Muster. Lassen Sie sich inspirieren.

Sich auf die verschlungenen Muster der Bilder einzulassen, stärkt die Konzentration und schenkt tiefe Ruhe.

Lassen Sie negative und belastende Gedanken gehen,
während Sie Farben in das Muster bringen.

Vervollständigen Sie die Seite
nach Belieben.

Ihrer Kreativität sind keine Grenzen gesetzt: Bemalen Sie auch freie Flächen und beobachten Sie, wie sich die Wirkung des Motivs durch die eine oder andere Hintergrundfarbe verändert.

Ergänzen Sie das Sechseck mit eigenen Motiven.

Schärfen Sie Ihren Blick für das Wichtige und Wesentliche.

Durch das Ausmalen gewinnt man einen Moment der Stille und die Chance, an das zu denken, wofür man dankbar ist.

Entdecken Sie Schönheit, wo Sie sie auf den ersten Blick nicht erwarten.

Für alle gibt es eine Ruhe und eine Zeit der Arbeit.
– Vergil

Mit ähnlichen Farbtönen gestalten Sie ein harmonisches Gesamtbild, mit Kontrasten ein kraftvoll leuchtendes.

Einzelne Elemente lassen sich durch ähnliche Farben zusammenführen oder durch Kontraste trennen. So oder so – Sie stehen mit Ihrer kreativen Seite in Verbindung.

Füllen Sie die leeren Flächen mit Ihrem Lieblingsmuster.

Beim Ausmalen ist jeder Moment auf dem Weg zum fertigen Bild ebenso wichtig wie das Ergebnis.

Wenn Sie dieses Muster ausmalen,
seien Sie ganz bei sich.

Bildnachweis:
Umschlag: © KsanasK/Shutterstock, © vectorOK/Shutterstock, © Julia Snegireva/Shutterstock, © panki/Shutterstock, © Art-and-Fashion/Shutterstock, © Lullis/Shutterstock;
S. 1: © Le Panda/Shutterstock; S. 2–S. 3: © Le Panda/Shutterstock, © Art-and-Fashion/Shutterstock, © Inkant/Shutterstock; S. 4–S. 5: © vectorOK/Shutterstock; S. 6–S. 7: © Shafran/Shutterstock; S. 8–S. 9: © L. Kramer/Shutterstock; S. 10–S. 11: © EV-DA/Shutterstock; S. 12–S. 17: © Julia Snegireva/Shutterstock; S. 18–S. 19: © Le Panda/Shutterstock; S. 20–S. 21: © panki/Shutterstock; S. 22–S. 23: © PinkPueblo/Shutterstock; S. 24–S. 25: © balabolka/Shutterstock; S. 26–S. 27: © De-V/Shutterstock; S. 28–S. 29: © OlichO/Shutterstock; S. 30: © IrinaKrivoruchko/Shutterstock; S. 32–S. 33: © Lullis/Shutterstock; S. 34–S. 35: © Le Panda/Shutterstock; S. 36–S. 37: © Nikolayenko Yekaterina/Shutterstock; S. 38–S. 39: © L. Kramer/Shutterstock; S. 40–S. 41: © MARK-IN/Shutterstock; S. 42–S. 43: © OlichO/Shutterstock;
S. 44–S. 45: © KsanasK/Shutterstock; S. 46–S. 47: © flovie/Shutterstock; S. 48–S. 49: © IrinaKrivoruchko/Shutterstock; S. 50–S. 51: © lines lover/Shutterstock; S. 52–S. 53: © Gregor Buir/Shutterstock; S. 54–S. 55: © Volodymyr Horbovyy/Shutterstock; S. 56–S. 57: © balabolka/Shutterstock; S. 58–S. 59: © Rita Ko/Shutterstock; S. 60: © Art-and-Fashion/Shutterstock; S. 61: © OlichO/Shutterstock; S. 62–S. 63: © L. Kramer/Shutterstock; S. 64: © Nikolayenko Yekaterina/Shutterstock.